삼백육십오 번째 산타클로스

삼백육십오 번째 산타클로스

심제

삼백육십오 번째 산타클로스

삼백육십오 번째 산타클로스-----열넷

내 사랑이라 해서 전부 내 별인 것은 아니다

내 사랑이라 해서 전부 내 별인 것은 아니다-----열여섯

평행선의 반지-----열일곱

마음 정류장-----열여덟

내 심장에 눈이 쌓였으면 해-----열아홉

차라리 네가, 차라리 내가-----스물

심장이 녹아내릴 때-----스물하나

태우지 못한 마음, 내리지 않는 눈-----스물둘

깃털같은 마음 사백이십육 키로그램-----스물셋

내 하늘에서만 생각할 수는 없다-----스물넷

한시적 사랑-----스물다섯

햇빛의 심장-----스물여섯

찰나의 숨에게, 바다가-----스물일곱

홀로 붉은 이들에게

홀로 붉은 이들에게-----서른하나에서 서른둘

십 분의 일의 슬픔-----서른셋

벽장 어딘가에서-----서른넷

슈뢰딩거의 사람-----서른다섯

비정상의 비상-----서른여섯

일초의 날갯짓-----서른일곱

잔화-----서른여덟

물의 모서리-----서른아홉

빠른 절망, 느린 희망

빠른 절망, 느린 희망-----마흔하나

태양 그림자-----마흔둘

타오르는 별에게-----마흔셋

살아내다-----마흔넷

유리로 된 소나무-----마흔다섯

하늘 높은 줄 모르고-----마흔여섯

구름 조각보----- 마흔일곱

빛나리라----- 마흔여덟

삭-----마흔아홉

바랄 망----- 쉰

그림자는 푸르다-----쉰하나

한숨, 한 숨

한숨, 한 숨-----쉰셋

나를 깎지 마시오-----쉰넷

겨울의 채도는 낮다-----쉰다섯

능소화로다-----쉰여섯

간절하게, 괜찮다-----쉰일곱

구르는 돌----- 쉰여덟

부서지고 지는 것들-----쉰아홉

돌덩이-----예순

기대에 기대어-----예순하나

꿈이 짙다-----예순둘

사랑 밖에 있는 이들에게

사랑 밖에 있는 이들에게-----예순다섯

슬퍼하라, 사랑하라-----예순여섯

지울 수 없다

지울 수 없다-----예순아홉

일식-----일흔

겨우살이는 겨울에

겨우살이는 겨울에-----일흔셋

겨울중앙-----일흔넷

꼬인 사람, 엉킨 사람

꼬인 사람, 엉킨 사람-----일흔일곱

토-----일흔여덟

울화

울화-----여든하나

울화, 두번째-----여든둘

슬픈 눈사람에게-----여든셋

언 별-----여든넷

산패되어 죽은 사람-----여든다섯

별행

별행-----여든일곱에서 여든여덟

하늘이 가장 낮을 때-----여든아홉에서 아흔

모두는 생각에 묶여있다-----아흔하나

뭍이란-----아흔둘

어긋나다-----아흔셋

평생을 가도 이해하지 못할 용기가 있다

평생을 가도 이해하지 못할 용기가 있다-----아흔다섯

담수-----아흔여섯

바닷물-----아흔일곱

싱거운 눈물-----아흔여덟

별의 양면을 동시에 볼 때

별의 양면을 동시에 볼 때-----백하나에서 백둘

별이 돌맹이가 변하면-----백셋에서 백넷

하늘에 있는 모든 빛들은
다 별빛이라 할 수 있지 않겠는가-----백다섯

어떤 슬픔을 모르는 이

어떤 슬픔을 모르는 이-----백일곱에서 백여덟

알록달록한 슬픔-----백아홉

삼백육십오 번째
산타클로스

삼백육십오 번째 산타클로스

일 년 내내 선물을 주는 사람이 있다.
그건 나다.

일 년 내내 선물을 받는 사람이 있다.
그것도 나다.

사람들은 평생을,
주고 받으며 산다고 한다.

감정이든,
물건이든,
사랑이든,
무엇이든.

우리는 모두 산타클로스다.

감정이 든,
물건이 든,
사랑이 든,
무엇이 든,

상자를 열어,
나누자.

왜냐하면 우리는
삼백육십오 번째 산타클로스니까.

내 사랑이라 해서
전부 내 별인 것은
아니다

내 사랑이라 해서 전부 내 별인 것은 아니다

이 사랑이 별이라면,
별똥별이 되어 떨어지면 좋겠다.

흔적도 남지 않게 되어,
모든 것을 잊도록.

하지만 별은
유성이 아니므로
흔적 없이 사라질 수 없다.

별은 죽는 그 마지막 순간에도
흔적을 남기고
또 새로운 별을 탄생케 하니,

다른 누군가를 사랑하여
새로운 별이 떠올라도
그것마저 네 흔적이라.

평행선의 반지

당신과 맞춘 우정반지를
왼손 약지 손가락에
끼워보곤 합니다.

반지가 조금 커서 헐렁합니다.

이 틈이

당신의 마음과,
내 마음의
간격이겠지요.

줄어들지 않는
영원한 간격에서,

줄어들지 않는
사랑을 외칩니다.

마음 정류장

쉽게 없어지지 않을 것들로
정류장 이름을 짓는다.

마음에도 정류장이 있다면,
어떤 이름들일까.

시기와 분노일까,
행복과 희망일까,

그것도 아니라면 네 이름일까.

수만 번 마음에 떠올린
그 이름일까.

마음에도 정류장이 있다면,
그렇다면.

내 심장에 눈이 쌓였으면 해

내 심장은 따듯한 것만 허락하므로,
그리하여 너를 들였던 것 같다.

왜 내 심장을 네게 맡겼을까.

눈은 따듯해 보이니
심장을 속이고 들어갈 수 있을 것이다.

차갑고, 차가운 눈은
내 심장에 자리잡은 너를
도망가게 만들테니,

드디어 내 심장이 자유를 찾으리라.

그러니 부디,
내 심장에 눈이 내리게 해주세요.

차라리 네가, 차라리 내가

차라리 빛이 하늘에만 있었다면
널 바라지도 않았을텐데.

하필이면,
하늘의 빛은 유성이 되어
내 곁으로 와버렸다.

너는 내가 아닌 중력에 이끌려 내려왔겠지.

그럼에도,
빛은 내 곁이라
눈이 부시도록 밝다.

그래, 빛이 하늘에만 있다면
나는 소원 따윈 생각하지도 못했을 거야.

그렇다면 나는
쉼없이 네게 말할 수밖에.

고마워,
사랑해,
고마워,
사랑해,

고마워.

심장이 녹아내릴 때

날이 더웠다.
그래서 가슴 안쪽이 뜨거웠고,
그 열기에 심장이 조금 녹았다.

그렇게 심장이 녹아내릴 때,
그때,
해가 들었다.

더 없는 맑음이었다.

절반 쯤 녹아내린 심장을 지키려
태양을 피해 뛰어다지만,

구름에 숨어도 녹는 것은 마찬가지였다.

녹아내린 심장이
갈비뼈 틈으로 빠져나간다.

걷잡을 수 없이 작아진 심장 조각이
뼈에 부딪혀 덜렁거린다.

심장이 너무나 가벼워져서

내게서 빠져나가,
하늘로 올라가 태양이 되었다.

언젠가 내 심장도 누군가의 심장을 녹이겠지.

그때가 되면 나 더 이상 뜨겁지 않으리라.

나 더 이상,
사랑이 두렵지 않으리라.

태우지 못한 마음, 내리지 않는 눈

내 마음을
모두 태워

그 재를
하늘에서 뿌린다면,

그것은 눈이 될텐데.

너무 차가워서
눈이 될텐데.

하지만 나는
마음을 태우지 않았기에,
얼고 녹기를 반복한다.

그래서인지 마음이 흐물거린다.

깃털같은 마음 사백이십육 키로그램

가슴이 사랑으로 채워지는 기분,
그런데 이상하게 공허하다.

일방적인 마음은 맞물리지 않기 때문일까.

무겁디무거운 마음이지만
통하는 건 한쪽이라서.

마음에는 잔재만이 있고
그 재는 흩날려 사라진다.

그런 내가 가벼워서
떠올라 사라질 것 같아도,

그래도,

지겹게 눌러 담은 사랑 덕에
땅에서 발길이 떨어지지 않는다.

무거운 마음
가벼운 가슴.

가슴이 가벼워 공허하지만
가슴이 가벼워 홀가분하다.

딱 날아가지 않을 정도로만 홀가분해서
딱 살아갈 정도로만 숨통이 트인다.

내 하늘에서만 생각할 수는 없다

내 하늘에서만 별똥별이고,
네 하늘에서는 운석이라는 걸 알아.

내게는 반짝거리는 소원이지만,
네게는 갑작스레 들이닥친 재앙이라는 걸 알아.

그 사실을 가끔 잊어버리려 할 때가 있지만

작은 먼지 덩어리가

머리를

콩콩,

때리더라.

그래서 슬프지 않아.
내 별똥별이 소원을 이루어줬다는 걸 나는 알아서.

내 소원은,
네 마음에 운석이 떨어지지 않는 것이니까.

내가,
네게 운석이 되지 않는 것이니까.

한시적 사랑

제한된 시간을
가장 아름다운 것을 채운다면,
그건 사랑일 지어다.

사랑은 이어지는 성질을 가지고 있어,
끊어지는 시간 안에
담을 수 없다고 하지만

끊어낸 사랑도 사랑임에 틀림없으므로.

제한된 시간을
가장 아름다운 것으로 채운다면,

그것은 한시적 사랑일 것이다.

햇빛의 심장

타인은 은하만큼 멀기에,
따듯함을 나눠주려면
타올라야 한다.

내게 따듯하다면
타인에게는 차갑기에.

사랑이 심장에 옮겨붙는다.

밝게 타오르는 것이
별과 다름없다.

아,
태양이구나.

찰나의 숨에게,
바다가

바다에
숨이 머물 때,

바다는 비로소 숨을 쉰다.

그렇기에,
바다는 숨을 뱉는 모든 것들을
끌어안고 놓지 않는다.

그것이 찰나의 숨일지라도
살아있던 것임은 분명하기에.

바다는 매일 말한다.

파도라는 소리로
잠깐도 쉬지않고,

사랑해.

라고.

바다는 혼자서 푸르지 아니하므로
매일을 사랑할 수밖에 없다.

홀로 붉은 이들에게

홀로 붉은 이들에게

나뭇잎 끝이 붉다.
하지만 가을은 아니다.

그저 삼백 육십 오일,
내내 붉은 잎일뿐.

남들과 다른 색을 하고
어떻게 그 계절을 버텼을까.

푸르름 속 유일한 붉음으로서

왜.
라는 말을 얼마나 들었을까.

왜 이것만 붉지?
왜 이것만 다르지?
왜 이것만....
왜....

얼마나 많은 계절 속에서
수많은 의문을 견뎌야 했을까.

마침내 가을이 와
수많은 나무가 붉어졌을 때,
그 붉던 나무는 어떤 기분일까.

결국 다시금 홀로 붉어질텐데
그것을 어떻게 견딜까.

그래도,
홀로 붉어도,

그 나무가 나무인 것은 변하지 않는다.

홀로 붉은 이들아,
슬퍼 말아라.

십 분의 일의 슬픔

나는 열 명 중 한 명,
우리는 백 명 중 열 명.

십 분의 일의 슬픔을 같이 하는,
백 분의 십의 슬픔.

그런 슬픔이 파도치는
유월 어느 여름 혹은 어느 겨울에.

마르지 않는 슬픔에서,
얼지 않는 슬픔에서,
유영한다.

유영하는 손짓에
슬픔이 일렁인다.

손끝에서 피어난 반짝이는 자긍심.

십 분의 일의 반짝임을 같이 하는,
백 분의 십의 반짝임.

파도치는 별의 달,
그것이 유월이구나.
그것이 우리의 달이구나.

벽장 어딘가에서

등 떠밀려 간 곳이
너무나도 답답하다.

한 뼘, 두 뼘, 세 뼘.
세 뼘을 넘어가지 않는 공간.

문 틈새로 바람이 불어온다.
문 틈새로 빛이 들어온다.
밖이 일순 보였다.

용감히 벽장을 박차고 나간 이들을
힐난하는 덩어리들.

나는 그게 두려워
아직 이곳에서 나갈 수 없다.

하나, 벽장 안에 있는 모든 이들이여
우리는 용기 없는 사람이 아니다.

한 뼘, 두 뼘, 세 뼘.
이 작은 공간에서도 버텨낸 이가
어찌 용감하지 않을 수 있겠나.

모든 이들에게,
건승을.

슈뢰딩거의 사람

나는 누군가의 눈에 거슬려,
살아있음에도 죽음이 되었다.

아직 살아있음에도.

그럼 나는 무엇인가.
살지도 죽지도 못한 것인가.

죽은 것처럼 살라 말한다.
눈에 띄지 않게 살라 말한다.

하지만 어찌 살아있는 채로
죽을 수 있단 말인가.

하지만 어찌 사람이 사람의 눈에
띄지 않으며 살 수 있단 말인가.

아,
그대들은

우리를 살아있는 것으로
보고 있지 않는구나.

우리를 사람으로
보고 있지 않는구나.

하나,
그대들이 어떻게 보든
우리는 살아있고,
우리는 사람이기에.

그리하여 서럽게 분노한다.

비정상의 비상

다른 것들을 모아
비정상이라 했다.

눈에 거슬려
전부 긁어내어
창공으로 내던지니,

그것들은, 그 비정상들은
떨어지지 않고 날아올랐다.

비상.
비정상의 비상이었다.

일초의 날갯짓

일초라도
공중에 떠오른다면,
그것은 나는 것이라
할 수 있을까.

힘없는 날갯짓에
일초 동안 부상하다,

그 뒤에

끝없는 추락이라면
그것은 난다고 할 수 있을까.

있다.
그것은 난다고 할 수 있다.

조금이라도 위로 올랐다면
그것은 추락이 아닌 부상이므로,
떨어짐에도 후회없기에.

서툰 날갯짓에
바람이 인다.

바람에 눈이 시려
앞이 흐리다.

그때,
잠깐 날던 것이 추락한다.

추락하는 모습이
나는 걸로 보인다면,
착각일까.

잔화

지는 불이여.
꺼져가는 꽃이여.

시듦을 두려워 말아라.
여명을 두려워 말아라.

너희는 끝내 흔적 없이 사라지나,

새벽 바람의 끝에서
여명을 가장 먼저 볼지니.

사랑스러운 잔화들이여,
두려워 말아라.

물의 모서리

일렁임이 멈추는 곳.

바다를 잘라
네모난 틀에 넣으면
물의 모서리가 보인다.

유약함을 감추고
일렁임을 숨겨서
각진 형태를 만든다.

그것이 물의 진짜 모습이 아니라 해도,
사람들은 찬송한다.

그러나,
각진 물은
일렁임을 그리워한다.

빠른 절망,
느린 희망

빠른 절망, 느린 희망

절망은 어째서
이리도 빠른 물쌀인지.

너무 빨라 희망이 따라잡을 수 없다.

그러나 희망은
느리기 때문에,

절망 후에는 반드시 희망이 온다.

그러니 부디,
절망에 잠식되지 않기를.

태양 그림자

빛나리라.
밝게 빛나리라.

작열을 뛰어넘는 빛에
태양이 그림자가 될 것이다.

잊지 말아라.

온몸에 흐르는 빛을,
무엇보다 빛나는 자신을,

그 사실을.

부디,
잊지 말아라.

타오르는 별에게

빛나는 별의 열기를 알지 못하는 이는
그저 멀리 떨어져 있기 때문이라.

별이 타오르지 않기에 그런 것이 아닌,
그저 그가 멀리 있기 때문이라.

작열하는 태양도 억만년의 거리에서 본다면
그저 작은 점일테니.

타오르는 별아,
너를 의심하지 말아라.

너는 언제나 빛나고 있단다.

살아내다

숨 쉬는
한 올 한 올,
엮어다 그물을 만들자.

떨어지는 생을 잡아
다시금 올려 놓자.

살아버리게,
그래서 포기할 수 없도록.

숨 쉬는 한 올 한 올,
부드럽다.

그러나,
끊어지지 않는다.

끊이지 않는
숨 한 올과 함께,
살아내자.

유리로 된 소나무

유리로 된 소나무가 있다.

성질은 우직하지만,
쉬이 부서진다.

던진 말에 깨지고,
불어오는 풍문에 부러지며,
떨어지는 눈물에 흔들린다.

그러나.

깨지고,
부서지고,
흔들릴지언정

그 맑음을 잃지 않는다.

유리로 된 소나무가 있다.

아주 약하고,
약하고,
또 약하다.

그때 나무에 해가 든다.
더없이 영롱하다.

하늘 높은 줄 모르고

하늘 높은 줄 모르고
치솟는 구름아.

네가 만약 하늘이
얼마나 높은지 알더라도,
멈추지 않았으면 하는구나.

높은 하늘에 한 폭의 그림이 되어,
꿈을 멈추지 말아라.

구름 조각보

작은 구름 조각과
작은 햇빛 조각을
이어 붙인다.

찬란한 구름빛이
하늘을 뒤덮는다.

바람에 찢어지더라도
그것 또한
다른 조각이 될테니,

두려워할 것이 없더라.

구름과 햇빛으로 만든 조각보.

매일 흩어지고,
매일 빛난다.

빛나리라

어둠이 창으로 들이치나,
나는 두렵지 않다.

어둠이 들이치는 것은
곧,

별이 들이칠 것이라는
뜻이기에.

어둠에 숨 막혀 허우적대도
나 어둡지 않으리라.
나 빛나리라.

별과 함께,
모두 빛나리라.

삭

눈을 감으면
어둠이 보인다.

음력 초하룻날 밤도,
따라할 수 없는
깊은 검정.

캄캄한 것이 꼭 나쁜 것만은 아니다.

빛은 길을 알려준다 하지만,
어둠은 길을 스스로 찾게 한다.

빛은 두려움에서 벗어나게 하지만,
어둠은 두려움을 스스로 이겨내게 한다.

눈을 감으면
어둠이 보인다.

누구도 따라할 수 없는
깊은 용기.

바랄 망

포기를 배운다.

끝없는 희망에서,
포기를 배운다.

끝없는 절망에서,
포기를 배운다.

잡은 것을 놓으면 떨어지지만,
놓지 않으면 내가 될 수 없다.

그렇기에 그것에서 포기를 배운다.

희망을 품으면
절망할 수도 있다.

하지만 그것이 두려워
희망을 품지 않으면,

살아갈 수 없다.

그림자는 푸르다

가려져 해 받지 못하는 이에게,

당신이 있는 그 그림자,
그곳은 푸를지어다.

새벽의 하늘색을 띈 그것을
어찌 푸르다 하지 않을 수 있겠는가.

당신이 서 있는 그곳은 푸를지니,
어둡다 하여 두려워 말라.

한숨, 한숨

한숨, 한 숨

내뱉는 한숨도
하나의 숨이라.

어떻게든 발버둥 쳐
살아남은 흔적을
어찌 귀애하지 않으랴.

내뱉는 한숨도
하나의 숨이라.

나를 깎지 마시오

뼈를 깎는 노력.
뭐, 할 수는 있다.
모두가 그렇다.

다만 깎인 뼈는 쉽게 부러진다.

조금만 걸어도
부러져 넘어지고,
넘어져 치이고,
치여서 다시 부러지고,

다시는 일어날 수 없게 된다.

뼈를 깎는 노력은
뼈가 아니라 당신을 깎았다.

그러니 제발,
당신을 깎지 마시오.

겨울의 채도는 낮다

겨울은 채도가 낮다.

하늘부터
내 발끝까지,

전부 다.

겨울은 많은 것들을 쉬게하므로,

모든 것에 달림을 멈추게 하기 위해서
겨울은 채도가 낮다.

채도가 낮으면
조금 더 느리고
조금 더 아늑해서.

일 년 내내 달릴 수는 없으니,
그러니까.

겨울은 그리하여 채도가 낮다.

능소화로다

녹색 벽에
주홍빛 구름이 피어나니,

능소화로다.

노을이 내릴 때,
그 주홍빛 구름을 훔쳐왔나.

동이 틀 때,
그 황금빛을 훔쳐왔나.

얼기설기 설켜
엉망진창인 것 같아도,

한 발 떨어져서 보면
장관일지니.

그것은 능소화로다.

간절하게, 괜찮다

져도 괜찮다.
라는 말이 너무나 간절해서,

실패해도 괜찮다.
라는 말이 너무나 간절해서,

쉬어가도 괜찮다.
라는 말이 너무나도 간절해서,

그래서 오늘도 그대들에게 말합니다.

너무나도 간절한 그 마음을
누구보다 잘 알고 있으므로,

괜찮습니다.
져도, 실패해도, 쉬어가도,
모두 괜찮습니다.

그러니 단단히 숨 쉬는
자신의 멋짐을,
그 사랑스러움을,
꼭 기억해 주십시오.

구르는 돌

구르는 돌에
이끼가 끼지 않는다 하더라만,

구르다 보면 돌은 깨지기 마련입니다.

이끼는 닦아낼 수 있지만

깨진 마음은,
원래대로 돌아올 수 없는 법입니다.

부서지고 지는 것들

아스러이 부서지는 것들을
손에 쥐려 하지마라.

결국 가루가 되어
날릴 뿐이란다.

그저 부서짐을
노을과 함께
보내주어라.

언젠가 태양과 함께
네 곁으로 돌아올테니.

돌덩이

마음에 돌이 들어찼구나.

무겁게 달그락 거리는,
돌이 들어 찼구나.

들어 찬 돌에 마음이 좁아져
다른 이에게 마음 쓸 수도,
줄 수도 없게 되었구나.

참아낸 세월이,
참아낸 울음이,
참아낸 분노가,

그것들이 굳어
돌이 되었구나.

달그락 거리는 돌덩이에
가라 앉는 것을 어찌하겠느냐.

너를 탓하지 말아라.

돌이 무거운 것인 것을,
어찌하겠느냐.

기대에 기대어

기대도 안 하면 나는 어찌 사나.

실패가 두려워 기대를 안 하면
나는 어찌 사나.

기대가 나를 살리고
포기가 나를 죽인다.

그러니 포기일랑 접어두고
기대 속에 기대어 삽시다.

꿈이 짙다

누가 말했다.

꿈은 안개같은 거야.
곧 사라지고 없어질 것을 잡으려 하지마.

그래, 꿈은 안개더라.
잡힐 듯 잡히지 않고,
그 안에 있어도 한 치 앞도 보이지 않는.

하나,
내 꿈은 너무 짙어서
너무나도 짙어서
이곳에서 나갈 수 없다.

흩어지지 않는 꿈에서
평생 길을 잃어도,
행복할 것이라는 묘한 믿음이 생기더라.

꿈이 짙다.
너무나도 짙다.

사랑 밖에 있는
이들에게

사랑 밖에 있는 이들에게

사랑 밖에 있는 이들에게

누가 그대들을 몰아냈나.

그 험하고 추운 곳으로,
아무도 믿지 못하게 되는 곳으로,

누가 그대들을 몰아냈나.

자신조차 믿지 못하는 곳으로,
점점 수렁으로 빨려들어가는 곳으로,

누가 그대들을,
사랑 밖으로 몰아냈나.

하나, 걱정일랑 접어두어라.

그대들은
너무나도 사랑스러워서
그곳이 곧 사랑이 될 것이니,

그대들을 몰아낸 누군가의
완전한 패배이리라.

슬퍼하라, 사랑하라

원망을 안은 자여,
슬퍼하라.

원없이
슬퍼하여,

그 눈물이
원망을 녹이도록.

안은 원망이
전부 녹아

원망을 안던 손으로
사랑을 안을지어다.

원망을 안은 자여,
사랑하라.

지울 수 없다

지울 수 없다

구름으로 태양을
지우려 한다해도

작열의 빛은 숨길 수 없다.

종이가 구겨지도록
지우개질 한다해도

진실은 지워지지 않는다.

태양이 드리워
진실을 비출 때,

거짓된 구름이 사라진다.

일식

달이 해를 먹는다.
일식이다.

달 너머로
햇빛이 부신다.

해를 게걸스럽게 먹어치웠으나
달은 빛나지 않는다.

누군가의 광휘를 먹어치워도
그자는 스스로 빛날 수 없으므로,

아주 당연한 일이었다.

오로지 일말의 햇빛만이 내리쬐온다.

겨우살이는 겨울에

겨우살이는 겨울에

겨우겨우 산다하여 겨우살이.

주위가 힘들 때
그래요, 바로 이 겨울에.

악착같다는 말을 천 번,
지독하다는 말을 천 번,
끈질기다는 말을 천 번.

그래도 삽니다.
소리칠 힘조차 없어도 삶을 놓지 않습니다.

그렇게 삼 개월을 버팁니다.
그렇게 겨우살이는 겨울을 납니다.

이른 봄에 꽃 피는 겨우살이.

그 꽃말은

악착같다도
지독하다도
끈질기다도

아닌,

강한 인내심.

꽃말은 꽃에 붙이는 이름이라지마는,

겨우살이의 꽃말은
꽃이 아닌
그의 겨울에 붙었습니다.

살아남은
그의 겨울에 붙었습니다. .

겨울중앙

내리는 눈이 차갑다.

겨울 중앙에 섰으므로,
당연한 일이었다.

하나,
당연한 일이라 하여
서리맞은 감각이 돌아오는 것은 아니다.

겨울 중앙에 섰으므로.

차갑다.

꼬인 사람, 엉킨 사람

꼬인 사람, 엉킨 사람

꼬인 사람은
모든 말을 꼬아듣고,

엉킨 사람은
모든 말을 듣지 못한다.

생각이 엉키고
사람이 설켜
소리가 닿지 않는다.

엉켜버린 세월을
누가 알까.

토

울렁이며 올라온다.
먹은 것을 게워낸다.

머리를 치던 생각을,
심장을 좀먹던 감정을,
게워낸다.

쏟아내고 나면
아무것도 남지 않아서
헛헛하다.

율화

울화

눈물을 참으면
불이된다.

불이 된 그것은
목구멍에
착,
달라붙어서는

아무 말도 못하게 한다.
무엇도 생각할 수 없게한다.

삼킬 수 없는 슬픔에
목이 홧홧하다.

울화, 두번째

슬픔은 참아도
사라지지 않는다.

그저 어딘가에 남아서
헤매일 뿐이다.

외롭게
홀로.

그러니,
오갈 데 없는 그 슬픔을 동정하라.

마음깊이 동정하여
그것을 보내주어라,
길을 찾아주어라.

그리하면 그 슬픔과 함께
당신의 불도 사그라들테니.

그 슬픔을,
오갈 데 없는 슬픔을 동정하라.

슬픈 눈사람에게

사르르 쓰러진다.

눈물에 젖어 녹아간다.
스스로를 녹이는 눈사람.

그래도 울지 않으면
속부터 타올라,

장식하던 나뭇가지 하나조차
남지 않을 것이므로.

스스로를 녹이는 눈사람
사르르 사라진대도
그 흔적만은 고스란히 남으니,

슬픔을 참지 말아라.

사르르,
사르르,
사르르,
툭.

언 별

감정이 별이라면
얼은 별은 무엇일까.

슬픔일까.
사랑일까.
분노일까.
기쁨일까.

모든 감정은
멎을 수 있으므로,

멈춰 얼어붙은 별은
모든 감정이라 할 수 있지 않겠는가.

얼은 별을 모아
입에 전부 넣고 씹는다.

차갑게 식은

슬픔과,
사랑과,
분노와,
기쁨이

입에 들어온다.

아무 맛도 나지 않는다.

멈춘 감정이라서 일까.
아니면,
이제 담고 싶지 않은 감정이라서 일까.

모르겠다.
그냥 입 안이 서럽다.

산패되어 죽은 사람

숨을 쉬어야 살 수 있음에도
산패되어 죽어가는 사람을 아는가.

사람에게 꼭 필요한 것이
사람을 죽이기도 한다.

과하지 않아도 그렇다.
아주 적절해도 그렇다.

중요한 것은
그 사람이 어떤 상태였느냐,
인 것이다.

목말라 죽어가는 이에게
마른 빵을 주면 어떻게 되겠는가.

굶어 죽어가는 이를
한 끼 더 굶기면 어떻게 되겠는가.

꿈에 짓눌린 이에게
의무를 더하면 어떻게 되겠는가.

그저 그런 것이다.

숨을 가득 품은 사람에게
숨을 불어넣으면
그저 산패하여,

죽어버릴 뿐이다.

별행

별행

"종착지는 별입니다."

"당신을 새까맣게 태워버릴
하얀 별입니다."

열차를 탄다.

지하철인지,
헷갈릴 정도로 밖은 어둡다.

그래도 밝다.

이리저리 흩뿌려진 작은 별들,
가끔 깜빡대는 형광등,
손에 쥔 작은 별까지.

어두워도 밝다.

역을 하나씩 지난다.

절망을 지나,
희망으로.

슬픔을 지나,
기쁨으로.

모든 역을 거쳐야만
종착지에 도착하므로,

절망도 슬픔도 곧 지나갈 것이니.

"이번 역은,"

"별."
"별 입니다."

손에 쥔 별에 도착했다.
나를 태워버릴 별에 도착했다.

그런데 나는 타지 않았다.
새까만 숯처럼 타오르지 않았다.

덩그러니,
하얗고 자그마한 별과 함께 있었을 뿐.

나와 같은 사람이 많았다.
그저 종착지라 내린 수많은 사람들.

손에 쥔 작은 별이
나를 태워
커다란 빛이 되기를 바라지만,

별은 미동조차 없다.

..이곳에 오기만 해서는 아무것도 될 수 없구나.

계속 서 있어서 아픈 다리가 견딜 수 없으면,
어느 역이든 내려서 쉬어야 했구나.

그곳이 설령 절망일지라도,
그곳이 설령 슬픔일지라도,

그곳에 잠시 멈춰도 되는거였구나.

나는 잠시 눈물을 흘리다가
손에 쥔 하얗고 작은 희망과 함께
새로운 여정을 떠난다.

나를 태우지 못하는
작고 작은 희망.

그렇기에 나는 나로서.

하늘이 가장 낮을 때

가을 하늘이 가장 높다는데,
그럼 하늘이 가장 낮을 때는 언제일까.

하늘과 내가 가장 가까울 때가 언제일까.

누군가는 하잘것없는 이야기라 할지 모른다.

하늘과 나는,
아무리 가까워도
나는 닿지 못하므로.

그러나,
사람이 어찌 닿을 수 있는 꿈만 꾸겠나?

닿지 못해도,
그 근방에 간 것 만으로도,
어떤 이에게는 위로가 되기도 한다.

누군가는 비겁하다 할지 모른다.

높은 하늘에 도전하지 않고,
가장 낮을 때를 찾으므로.

그러나,
사람이 어찌 멀리 있는 것만 노려야 하는가?

가까워도 쉬이 닿지 않는 것이 꿈이니,
멀리 있을 때는 얼마나 공허하겠나.

하늘을 꾸는 이야,
꿈을 올려다 보는 이야,

가을 하늘이 가장 높다는데,
그럼 하늘이 가장 낮을 때는 언제일까.

꿈과 네가 가장 가까울 때가 언제일까.

바로 지금이란다.

모두는 생각에 묶여있다

아스러지는 꿈과
거울에 비치는 현실을
먹고 자란 생각에,

모두가 묶여있다.

생각하지 않으면
사람이 아니지만,

생각에 묶여 있으면 고통스럽다.

반복 속에서,
답을 찾지 못했으나
하나만은 알았다.

생각에 묶여 있으면서도 웃을 수 있다.

웃음소리가 울린다.
시끄러우나,
즐겁다.

모두는 생각에 묶여있다

아스러지는 꿈과
거울에 비치는 현실을
먹고 자란 생각에,

모두가 묶여있다.

생각하지 않으면
사람이 아니지만,

생각에 묶여 있으면 고통스럽다.

반복 속에서,
답을 찾지 못했으나
하나만은 알았다.

생각에 묶여 있으면서도 웃을 수 있다.

웃음소리가 울린다.
시끄러우나,
즐겁다.

뭍이란

깊은 강 바닥에 잠긴 돌.

떠오를 방법을 모르네.
뭍으로 나올 방법을 모르네.

모른다는 것은
존재하지 않다는 것과
같은 말이 아니다.

그러니 돌은 언젠가
뭍에 갈 수 있으리라.

하나,

뭍에는
작열하는 태양과,
살을 찢는 바람과,
몸을 깎는 비가 있다.

그것을 알고 있음에도
뭍을 동경하므로.

현명하기 그지없다.

어긋나다

꼭 길을 따라야 멋진 것은 아니다.

금이 엇나가
새로운 그림이 되는 것처럼,

빛이 선을 벗어나
무지개가 되는 것처럼,

그대도 그럴 것이다.

평생을 가도
이해하지 못할
용기가 있다

평생을 가도 이해하지 못할 용기가 있다

무너지는 제 앞을 보면서도
계속해서 나아간다.

무엇도 남지 않지만,
그렇기 때문에 더욱 더.

파도가 으스러진다.
잘게 남은 포말.

쌉싸름한 모래 위를 걸을때,
손에 푸른 향취가 묻어난다.

아,
너는 이걸 남겼구나.
아무것도 남기지 않은 게 아니었구나.

나는 남긴 것을 찾으러
흩어져가는 바다로 달려간다.

짠맛과
묘하게 쌉싸릅하고
텁텁한 맛,

울음에서 오는 맛.

까끌까끌한
모래의 식감,

넘어져 엎어질 때의 식감.

그 모든 것과 함께,
파도가 부서지는 소리가 난다.

그럼에도
다시 도전하는 소리가 난다.

담수

슬픔에서 소금기를 빼내면
삶이 된다.

놀랍게도 담수에는 순수한 물만 있는 것이 아니다.

우리가 딱 모를 만큼의
짠맛과,
쓴맛과,
떫은 맛과,
텁텁함이 있다.

소금기를 빼낸 슬픔은
우리의 기억이 되며,

그것은 곧 우리를 이루는 한 부분이 된다.

물론 담수와 다르게 우리의 삶은
알아챌 정도로 바닷물 같지만,

그렇기에 우리는
평생 담수만 마시며 살아도
바다가 어떤지 안다.

그 짠맛을 알고
그 쓴맛을 알고
그 떫음을 알며
그 텁텁함을 안다.

바닷물

정제되지 않은 시련은
거대한 슬픔을 주지만,

우리는 그것으로부터
정제된 작은 소금 결정에서는 알 수 없는
바다의 향을 맡을 수 있다.

나는 때때로,

교훈만을 얻고 싶을 때가 있다.
시련 따위는 멀리하고 싶을 때가 있다.

실은 대부분의 날들이 그렇다.

그러나 나는 바다에서 비롯되었으므로,
우리는 바다에서 말미암았으므로,

모래알 섞인 바닷물이 항상 함께할 것이다.

우리는 영원히 바다의 향과 함께하리니,
언제나 푸르를 지어다.

싱거운 눈물

우리의 눈물은
바닷물보다 밍밍하다.

하지만 그렇기 때문에
그 남은 자리에
슬픔을 녹일 수 있더라.

바다에서 비롯된
우리의 눈물은

비록 바닷물보다
빈 곳이 많지만,

그러므로
그 빈자리에 슬픔을 품을 수 있다.

별의 양면을 동시에 볼 때

별의 양면을 동시에 볼 때

별을 구겨
양면을 동시에 보면,

나는 모든 것을 볼 수 없고
나는 모든 것을 볼 수 있을텐데.

나는 아무것도 아닐테고
나는 모든 것일텐데.

손에 쥔 것은 평면이 아니라 옆면이 있다.

그렇기에
구겨진 옆에서 새어나온 열망이 나를 뒤덮을 것이므로.

욕심이 없으나,
열망이 가득할 것이니라.

행성과 달리
모든 부분이 빛나는 별은
기껏 구겨 양면을 동시에 봐도
그저 빛나기만 할 뿐이라.

구겨도 빛나기만 하는 별의 양면은

내가 모든 것을 볼 수 없게 하며
내가 아무것도 아니게 할테고,

동시에

내가 모든 것을 볼 수 있게 하며
내가 모든 것이 되게 하리니.

그러므로 나는

태양인 동시에 달일 것이며,

구겨져 빛 조차 빨아들이는 검은구멍과 작고 창백한 별일 것이외다.

그리고 또한
그대들의 요람일테니.

나를 두려워 말아라.

별이 돌맹이로 변하면

별이 터져버려
조각조각 났다.

그 일부는 또 다시 별이 될 것이지만,
그 일부는 작은 돌맹이가 될 것이다.

행성도 아니고,
그냥 작은 돌맹이.

작고
작고
작은
돌맹이.

소행성-알파벳숫자알파벳숫자숫자숫자숫자숫자

이런 이름을 가진 작은 돌맹이.

우주를 유영하다가,
별 혹은 행성의 일부가 되거나

아니면,
계속 유영하거나.

별이 돌맹이가 되어도 딱히 우주가 무너지지 않는다.

그래서 돌맹이는 울지 않는다.
당연하다.

이건 슬퍼할 일이 아니니까.

슬프지 않은 돌맹이는 무너지지 않은 우주를 유영한다.

빛나는 별,
눈이 부시다.

그러나, 그뿐이다.

부실 뿐 시리지 않으므로
눈물은 고이지 않고,
흐르지 않는다.

**하늘에 있는 모든 빛들은
다 별빛이라 할 수 있지 않겠는가**

달은 햇빛을 반사하여 빛나고
해는 또한 별이므로,

달빛은 별빛이다.

빛나는 형식이 조금 다르다하여
별빛이 아니게 되는 것은 아니므로.

넓은 하늘에서

누군가는 달이고
누군가는 천랑이며,
또 누군가는 태양이겠으나,

결국 땅에 내리쬐는 빛은 전부 별빛이라.

어떤 슬픔을 모르는 이

어떤 슬픔을 모르는 이

넘어진 적 없는 사람은
넘어진 사람의 아픔을 온전히 이해할 수 없다.

그러나,
일어서있기 때문에
넘어진 사람을 일으켜줄 수 있다.

아픔을 이해하지 않아도 좋다.

왜 넘어졌는지 알아야만 일으켜줄 수 있는 게 아니지 않는가.

얼마나 아픈지 이해하여야만 일으켜줄 수 있는 건 아니지 않는가.

어떠한 슬픔을 이해하지 못한다는 건
그 슬픔을 겪는 이를 도와줄 수 있다는 뜻이다.

어떤 슬픔을 모르는 우리는
모르는 슬픔만큼 손 내밀 수 있는 사람이다.

그러므로,
모른다는 이유로 슬픔을 경시하는 것은 어리석은 변명에 불과하다.

슬픔을 모를 수는 있어도
어리석은 이가 되지 말자.

다른 슬픔에 내밀 손이 없을 수는 있어도
슬픔에 허덕이는 이를 더 슬픔에 밀어넣지는 말자.

이 말에는 그대 자신도 포함이리니.

우리는 꼭 이해할 수 있는 슬픔만 겪지 않는다.

그러므로,

스스로도 이해할 수 없는 슬픔이 찾아온다면
자신에게 손을 내밀어 줌이 어떠한가.

그럴 기운이 없다면 적어도 스스로를 슬픔으로 밀어넣지는 말아주시오.

만약

어떤 슬픔을 모르는 나는
그러나 일어서 있지도 않은 나는

무엇을 할 수 있나,
하는 의문이 든다면

손을 잡아주시오.

어떤 슬픔을 모르는 나는
그러나 일어서 있지도 않은 나는

나를 이해할 수는 없어도
나를 일으켜줄 수는 없어도

손 잡아줄 수는 있지요.

스스로의 슬픔이 이해가 안 된다하여
그 슬픔을 경시하는 것은 어리석은 변명에 불과하므로,

손을 잡아주시오.

알록달록한 슬픔

우리는 자라나며 조용히 슬퍼하는 법을 배운다.

소리내어 슬퍼함을 시끄럽다고 여기기 때문이다.

소리내어 슬퍼함을 부끄러운 일로 여기기 때문이다.

소리내어 슬퍼함을 어리석은 일로 여기기 때문이다.

우리는 누구나 '시끄럽게' 슬퍼한 역사가 있으나,
조용함을 학습한 후에는 그것을 새까맣게 잊어버린다.

그러나 우리는 알고 있다.
하얀 종이에만 가르침을 새길 수 있는 게 아니라는 걸..

새까만 잊음 아래 다양한 슬픔이 그려져 있으니,

굳이 긁어 부스럼을 만들면

새까만 종이가 일어나며
긁어 생긴 부스럼들 사이로

알록달록한 슬픔이 시끄러울 것이다.

삼백육십오 번째 산타클로스
©심지, 2024

초판 1쇄 인쇄　　2024년 11월 20일
초판 1쇄 발행　　2024년 11월 21일

지은이　　　　심지
펴낸이　　　　원용수
펴낸곳　　　　피엠미디어

편집 디자인　　심지
표지 그림　　　심지

출판신고　　　제2020-000135호(2020년 12월 11일)
주소　　　　　서울특별시 성동구 성수이로 147 아이에스비즈타워
　　　　　　　604호(성수동2가)
대표전화　　　02-557-1752
이메일　　　　pmmedia@prometheumedia.net

ISBN 979-11-986554-5-5(43810)

*책값은 뒤표지에 있습니다.
*이 책의 저작권은 지은이와 피엠미디어에 있습니다.
*이 책의 내용 전부 또는 일부를 재사용하려면 반드시 양측의 서면 동의를 사전에
받아야 합니다.

글씨체 출처　　　이롭게 바탕체(이롭게), SF함박눈체(눈서리)